AF360139

PARTIE
DV PREMIER LIVRE
DE L'ÆNEIDE
DE VIRGILE.

A PARIS,

De l'Imprimerie de Robert Eſtiene.

1610.

Auec Priuilege du Roy.

PARTIE DV PREMIER LIVRE
DE L'ÆNEIDE DE VIRGILE.

I E chante les combats & le valeureux Prince,
Qui par destin errant de prouince en prouince,
Le premier d'Ilion en nos ports descendit,
Et des champs Phrygiens aux Latins se rendit.
Maints perils il courut sur la terre & sur l'onde,
A la mercy des vents & de la mer profonde,
Persecuté du ciel pour le courroux poignant
Dont au cœur de Iunon la playe alloit saignant :
Maints trauaux il souffrit aux exploits de la guerre,
Lors qu'vne cité neuue il esleuoit de terre,
Et ses Dieux vagabonds recoux des Grecs mutins,
Plantoit auec le fer aux riuages Latins ;
D'où vint la gent Latine, & d'où vindrent en somme
Et les Peres Albains, & les hauts murs de Rome.
Mvse, qui de l'histoire obserues le progrés,
Raconte moy la cause & les motifs secrets
De ce diuin courroux, long sujet de ma lyre,
Et pour quelle douleur, grosse d'offense & d'ire,
Celle qui dans sa main tient le sceptre des Dieux,
Fit errer par tant d'ans vn Prince si pieux,

Rouler tant de trauaux, supporter tant d'orages:
Loge-til bien tant d'ire aux celestes courages?

   Vne antique cité se vid jadis bastir,
Rejetton populeux de l'opulente Tyr,
Qui de loin regardoit les ports de l'Italie,
Et la coste où le Tibre auec la mer s'allie,
Carthage, œil du midy, riche de biens & d'arts,
Et bruslante d'ardeur aux estudes de Mars.

   Ceste auguste Cité d'Orient transplantée,
De l'altiere Iunon sur toutes fut hantée,
Voire plus que Samos sa faueur possedoit;
Là ses armes estoient, là son char residoit,
Là mesme la Deesse en son ame conspire
D'establir des citez le souuerain empire,
Et va tout employant, sens, credit & pouuoir,
Pour voir si les destins elle y pourra mouuoir.

   Car elle auoit appris de la bouche des Parques,
Que du haut sang Troyen, semence des Monarques,
Descendroit vne gent inuincible aux combats,
Qui les tours de Carthage vn jour mettroit à bas,
Qui largement regnante, & superbe aux allarmes
Viendroit au sac d'Afrique, & par le fil des armes
Destruiroit la Libye abondante en butins:
Tels fuseaux se rouloient en la main des destins.

   Cela craignoit Iunon, & dedans sa memoire
Repassoit les combats, inutile victoire,
Qu'elle auoit sur le bord des sables Phrygiens,
Chef-de-part, soustenus pour ses chers Argiens:
Ny de ses vieux regrets, penetrantes espines,
L'oubly n'auoit encor arraché les racines;

Profond dedans son cœur demeuroit engraué
Le decret de Paris en vain de sang laué,
Et l'outrageux affront de sa beauté vaincuë:
Profonde dans son cœur viuoit l'injure aiguë
D'Electre sa riuale, & l'honneur odieux
De l'enfant Phrygien, honneur infame aux Dieux.
  De ceste ire allumée & boüillante de rage,
Loin des ports d'Italie & du Latin riuage,
Depuis maint long hyuer, & par maints durs moyens,
La Deeße jalouse esloignoit les Troyens,
Reliques des fiers Grecs & du cruel Achille,
Qui suiuants les espoirs d'vne fuyante ville,
Erroient de mer en mer au gré du sort jettez,
Ioüets de la tempeste & des flots agitez:
Tant c'estoit vn grand faix de fonder l'origine
De l'empire Romain & de la gent Latine.
  A peine au vent plus doux, gays leurs voiles courbant,
De l'aspect de Sicile ils s'alloient dérobant,
Et sur l'azur vny des ondes égalées,
Fendoient auec l'airain les escumes salées,
Quand la Reine Iunon, qui couuoit en son cœur
Un vlcere immortel de mortelle rigueur,
En ces mots éclatta d'impatience éprise:
  Que donc lasche & vaincuë ainsi je quitte prise,
Et ne puiße empescher le Roy des Iliens
D'approcher mal-gré-moy des ports Italiens!
Mais l'arrest des destins contre mes vœux conjure.
Et quoy? Pallas sceut bien pour vne moindre injure,
Les nauires des Grecs par flames consumer,
Et leurs corps foudroyez souz les eaux abysmer,

En haine d'vn ſeul homme, épouuantable exemple,
Ajax fils d'Oïlée impie enuers ſon temple?
  Du milieu de la nuë en tortiẐ brandiſſant
Le feu de Iupiter rapidement gliſſant,
Elle eſcarta leurs nefs, tribut des mers profondes,
Et ſans-deſſus-deſſous mit les vents & les ondes:
Puis comme Ajax percé de la foudre expiroit,
Et flame par la playe & ſouphre reſpiroit,
D'vn ſifflant tourbillon en l'air elle l'enléue,
Et contre vn roc aigu precipité le créue.
  Et moy Reine des Dieux, qui marche épouſe & ſœur
Du puiſſant Iupiter des foudres poſſeſſeur,
Contre vne ſeule gent, le rebut de la terre,
Ie fay depuis tant d'ans inceſſamment la guerre,
Sans la pouuoir deſtruire: Et puis que de Iunon
Quelqu'vn à l'aduenir daigne adorer le nom,
Et rendre à mes autels les honneurs legitimes,
Nourriſſant leurs braſiers d'encens & de victimes!
  Tels propos la Deeſſe à part-ſoy remaſchant,
Et d'vn cœur enflammé mille ſanglots laſchant,
Deſcend en Æolie, iſle enceinte d'orages,
Lieu fecond & peuplé de tourbillons volages,
Païs natal des vents, gros d'Auſtres furieux:
Là dedans mainte grotte Æole imperieux,
Roy des courriers de l'air aux ailes touſiours preſtes,
Preſſe des vents luittans les bruyantes tempeſtes,
Les ſerre de cent clefs, & ſous ſon ſceptre craint
De fers & de priſons les bride & les refreint;
Eux du frein indigneẐ, auec brauants murmures,
Fremiſſent à l'entour des gonds de leurs cloſtures,

Esprits impatients de tréue & de relais ;
Æole ce-pendant sied dans son haut palais,
Tient le sceptre en la main, reprime leurs courages,
Modere leurs fureurs & tempere leurs rages :
Car s'il ne le faisoit, monstres audacieux,
Ils desracineroient mers & terres & cieux,
Et les entraisneroient auec leur vol rapide,
Par les plaines de l'air & du vague liquide.
Mais des qu'ils furent nez le puißant Iupiter,
Pour ce cruel desordre auant l'heure éuiter,
Et preuenir de loin leurs funebres victoires,
Captifs les enferma dans des cauernes noires,
Les couurit de hauts monts, leur establit vn Roy,
Qui du ciel commandé sceust par certaine loy
Les charger au besoin, ou décharger de chaisnes,
Et discret leur serrer, ou relascher les resnes.
A luy doncques Iunon que la douleur preßa,
Sa priere & sa plainte en ces mots addreßa :
      Æole (car des Dieux & des hommes le Pere,
T'a donné de pouuoir par vn regard prospere,
Des ondes la fureur, pacifique, flatter,
Et les flots appaisez par le vent irriter)
Vn peuple dont je hay depuis tant d'ans la race,
Sur le vaste Ocean nouueaux chemins se trace,
Et des Tyrrenes mers fend le marbre flottant,
Troye & ses Dieux vaincus en Thoscane portant ;
Inspire force aux vents, enfle les vagues fieres,
Enfondre leurs vaißeaux souz les ondes meurtrieres,
Ou les disperse au loin l'vn de l'autre escartez,
Et seme en l'Ocean leurs corps precipitez.

I'ay pour rauir les cœurs d'amour & de merueille,
Deux fois sept Nymphes sœurs de beauté nompareille,
Dont celle qui fleurit sur toutes en attraits,
Dejope aux yeux de feu pleins d'éclairs & de traits,
Pour prix d'vn tel merite empraint en mon courage,
Propre je te joindray d'vn ferme mariage;
Afin qu'elle accomplisse auec toy ses saisons,
Et te rende heureux pere en cheueux ja grisons,
D'vn beau peuple d'enfants qui tes rides console.
Ainsi parle Iunon, ainsi respond Æole:
   A toy, Reine, appartient l'office de choisir
Ce qui peut de ton cœur contenter le desir;
A moy touche sans plus le soin de te complaire,
Et l'heur de te seruir me tient lieu de salaire.
Ce regne tel qu'il est, tu me l'as procuré,
Tu rends dedans mes mains ce mien sceptre asseuré,
Du puissant Iupiter tu m'impetres la grace,
A la table des Dieux tu me fais auoir place,
Et par ton haut support qui m'esleue en honneur,
Je suis de la tempeste & des vents le Seigneur.
   Ce dit, l'vn des monts creux où son sceptre il exerce,
Du fer de son espieu sur le flanc il renuerse:
De là, comme à la foule, en troupes vont sortant
Les vents au dos ailé, de l'air peuple inconstant,
Par où la porte ouuerte à leur fureur ils sentent,
Et d'espais tourbillons tout l'Vniuers éuentent.
L'Eure au pennage sec, qui prend son vol d'amont,
L'Auton, & l'Africain qui les vagues semond,
Ensemble à corps-perdu se jettent dessus l'onde,
Jusques aux fondements troublent la mer profonde,

Et

Et mille enormes flots l'vn sur l'autre esleueʒ
Roulent vers le riuage en escume creueʒ.
Maint cry d'hommes suruient meslé de voix perçantes,
Et d'aigus sifflements de cordes gemissantes :
Maints nuages obscurs dedans l'air espandus
Dérobent le Soleil aux nochers esperdus :
Vne nuit qui les cœurs de ses ombres estonne,
Descend sur l'Ocean ; le Pole bruyant tonne,
L'orage noir éclatte en cent foudres épars,
Le Ciel de druz esclairs brille de toutes parts ;
Et rien deuant leurs yeux, que l'effroyable idole
D'vne presente mort, incessamment ne vole.

  D'Ænée en ces assauts au desespoir forcé
Le corps pallit d'horreur, le sang deuient glacé ;
Il gemit, & leuant aux astres les mains jointes,
Lasche ces durs regrets, nauré de mille pointes :
O trois & quatre fois ceux-là bien fortunez,
A qui pour leurs autels d'armes enuironnez,
Il escheut de mourir, du Ciel s'ouurants la voye,
Aux yeux de leurs parents sous les hauts murs de Troye !
O le plus fort des Grecs, Tydide égal aux Dieux,
N'ay ie donc peu tomber sous ton fer glorieux
Dans les champs d'Ilion, sur les bords de Scamandre,
Et ceste ame en mourant par ta dextre respandre,
Où cheut le fier Hector du fer d'Achille atteint,
Où le grand Sarpedon gist par la mort esteint,
Où Simoïs sanglant roule aux flots maritimes
Tant d'armets, de boucliers, & de corps magnanimes ?

  Comme il disoit ces mots aux vents sourds & felons,
Vne bourrasque fiere & grosse d'Aquilons

B

Choque son camp voguant, heurte de front ses voiles,
Enfle & hausse en soufflant les flots iusqu'aux estoiles.
Maint auiron se rompt par eclats emporté,
Maint pin tourne la prouë & liure le costé :
Une montaigne d'eau qui de cent vagues gronde,
Suit à plom ses vaisseaux, precipice de l'onde :
Les vns pendent en l'air de la cime des flots,
Aux autres vn abysme entre les mers esclos
Ouure la terre à nu seche sous leur carene,
Et le boüillon fumant luitte contre l'arene.
L'Austre en eslance trois de la flotte escartez,
Dessus des rocs couuerts loin des riues plantez,
Rocs surnommez Autels par les voisins langages,
Embusches de Neptune infames de naufrages,
Dos cruel de la mer à fleur d'eau s'éleuant.
L'Eure en chasse autres trois, venteux fleau du Leuant,
Contre les bancs meurtriers & sur les guez perfides,
Spectacle horrible à voir, des Syrtes homicides,
Les eschoüe en l'arene, & de profonds monceaux
De sable les assiege abandonnez des eaux.
Vn autre qui portoit la troupe Lycienne
Et le fidelle Oronte, ame jointe à la sienne,
Deuant ses propres yeux vn flot roulant d'en-haut
Armé de tourbillons par la pouppe l'assaut,
Arraché du timon le pilote renuerse
Et le chef contre-bas dans les ondes le verse.
Le flot victorieux qui d'insolence bruit,
Orfelin de patron le nauire poursuit,
Trois fois le piroüette en son sein blanc d'écume,
Et le gouffre rapide au fond de l'eau le hume.

Rares qui çà, qui là, tout secours ménageants,
Dans le vaste Ocean paroissent les nageants,
Les armes, les tableaux, & les tresors de Troye,
Des flames échappez & des ondes la proye.
Deja d'Ilionée aux derniers vœus reduit,
Le robuste vaisseau d'expertes mains conduit,
Deja celuy d'Achate aux perils fort athlete,
Deja celuy d'Abas & du vieillard Alethe,
L'hyuer les a vaincus, tous creuez par les flancs,
Ouurent la porte aux flots écumants & ronflants,
Logent l'onde ennemie, & laschants leurs jointures
Baaillent, en vain taris, de mortelles fractures.
  Neptune cependant dans son palais profond
Sent l'ire de la mer bouillonner iusqu'au fond,
Et l'Ocean bruyant se mesler sur sa teste,
Et l'hyuer déchaisné remplir l'air de tempeste :
Surpris de ce tumulte & tout delay rompant,
Il attelle son char à mont l'onde rampant,
Prĕd son sceptre à trois dĕts qui dŏne aux flots la tréue,
Et sur l'orgueil de l'eau son chef serein esleue.
D'Ænée en haute mer il void de toutes parts,
Qui de çà, qui de là, les nauires espars,
Et des Troyens errants la flotte desarmée,
Des ruines du Ciel & de l'onde, opprimée :
Ny de sa sœur Iunon partisane des Grecs,
La fraude & le courroux ne luy sont point secrets :
Eure & Zephyre à soy, ministres de l'orage,
Sur les flots il appelle, & leur tient ce langage :
  L'orgueil de vostre sang jadis rebelle aux Dieux
Vous enfle-t'il bien tant, vents monstres odieux,

Que d'oser intenter aux elements la guerre,
Mesler à mon desceu le Ciel, l'onde & la terre,
Et tant de grands fardeaux l'vn sur l'autre imposer?
Que si ? mais il vaut mieux la tourmente appaiser,
Et pouruoir au peril qui sans delay menace,
Vne autre fois la peine égalera l'audace.
Allez, prenez la fuitte, & de mes champs sortez,
Et pronts à vostre Roy ce message portez :
A moy par le destin qui sur les fins preside,
Fut donné, non à luy, des flots l'empire humide,
Et l'honneur du Trident adoré des nochers;
Pour tout sort il obtint vn tas d'affreux rochers,
Eure vos hauts manoirs que maint foudre épouuante,
Que dans ces beaux palais de son sceptre il se vante,
Et regne sans riual, ceint d'archers emplumez,
En la prison des vents sous sa clef enfermez.

　　Ainsi parla Neptune à la troupe mutine,
Et plustost fait que dit calma l'ire marine,
Des nuages esmeuz dißipa l'appareil,
Et dans le Ciel serein ramena le Soleil.
Cymothouë & Triton qui l'espaule luy preste,
Desgagent les vaisseaux eschouëz sur la creste
Des escueils rabotteux, pitoyable accident;
Luy-mesme les souleue auecques son trident,
Les vastes Syrtes ouure, estend les mers profondes,
Et roule à bonds legers sur la cime des ondes.
Et comme quand souuent en vn grand peuple épais,
Vn tumulte s'émeut, tempeste de la paix,
Qui de l'obscur vulgaire aigrit les viles ames,
Et que ja dedans l'air les cailloux & les flames,

Armes de la fureur, commencent à voler;
Si quelque perſonnage eminent en parler,
Fameux de preud'hommie & noble de merite,
Arriue ſur le poinct que leur bile ſ'irrite,
Ils ſe taiſent tous coys & l'obſeruent craintifs,
Muets, l'oreille ouuerte, à l'ouyr attentifs:
De ſes graues propos meſlez de doux langages,
Il regit leurs eſprits & flatte leurs courages:
Ainſi ſoudain des vents cheurent tous les complots,
Quand le pere Neptune apparut hors des flots,
Et par vn Ciel ouuert traiſné ſur l'eau ſerene,
Guida ſes fiers cheuaux dont l'écumante haleine
Pouſſe l'onde à boüillons, & mut le frein volant
De ſon char à ſouhait ſur les vagues roulant.
Les nautonniers Troyens laz de tant de ruines
S'efforcent de gaigner les coſtes plus voiſines,
Vers les riues d'Afrique ils tournent leurs vaiſſeaux,
Et laiſſent derriere eux leurs deſſeins dans les eaux.

Vn ſecret ſein de mer en la terre ſ'engage,
Vne iſle en fait vn port, aſyle de l'orage,
Par l'abry de ſes flancs ſur l'onde rehauſſez,
Contre qui tous les flots de l'Ocean pouſſez
Briſent le vain orgueil de leurs teſtes chenuës,
Et fendent en longs plis leurs courſes preuenuës.
Des deux parts de l'abbord deux ſourcilleux rochers
Vont du Ciel à l'enuy menaçant les planchers,
Fiers bouleuerts du haure, & ſous leurs hautes creſtes
La mer repoſe en paix & braue les tempeſtes.
A l'entour du theatre en croiſſant arrondy
Regne vn bocage verd clos aux rays du midy,

B iij

Pauillon naturel voilé de fueilles sombres,
Et d'épaisses forests grosses d'horreur & d'ombres.
Dessous le front pendant du riuage escarpé
S'ouure vn antre à couuert dans les escueils sappé,
Des Nymphes le palais, plein de surgeons d'eau pure,
Et de bancs de roc vif taillez par la nature.
Là nul chable retors, des nauires le frein,
N'arreste les vaisseaux harassez de leur train :
Là nulle ancre mordante, aggraffe maritime,
Sa courbe dent de fer dans l'arene n'imprime.
Ænée auenturier que le destin regit,
Auec sept nefz sans plus, en ce haure surgit,
Et les soldats Troyens qui les mains s'entre-tendent,
Amoureux de la terre, à la foule y descendent,
Et las d'importuner l'Ocean irrité,
Ioüissent à l'enuy du sable souhaitté,
Et posent engourdis sur l'hospitale riue
Leurs corps moites de sel, de Thetis la saliue.

Achate le premier de tout delay jaloux,
Feit saillir en frappant des veines des cailloux,
Semence de Vulcan, maintes bluettes tortes,
Receut le feu naissant dedans des fueilles mortes,
D'arides aliments affamé le seruit,
Et la flame friande en l'amorce rauit.

Les Troyens ce-pendant recreuz de tant d'alarmes,
Vont Cerés de leurs pins & de Cerés les armes,
Par les flots corrompuë, à la file apportans,
Vuident leurs magazins d'écume degouttants,
Et leurs humides grains estendus sur la terre,
Grillent auec la flame & brisent sous la pierre.

Mais Ænée agité d'autres soins bien diuers
Monte au haut du costau bordé d'ombrages verds,
Et par tout l'Ocean ses yeux au loin pourmeine,
Pour voir s'il verra point dans l'ecumeuse pleine
La galere d'Anthée & les blancs auirons
Des fustes de Phrygie errer aux enuirons :
Ou Capys Ilien , ou sur les hautes pouppes
Les armes de Caïque & l'acier de ses troupes.
 Aucun de ses vaisseaux les ondes ne perçoit,
Errants le long du bord sans plus il apperçoit
Trois cerfs au front armé qu'vne nombreuse harde
Lente suiuoit de loin , guides de l'auant-garde,
Et quittant des forests le sejour ombrageux,
Paissoit à decouuert és vallons herbageux.
Il s'arreste tout court ferme dessus ses plantes,
Prend son arc en sa main & ses fleches volantes ,
Que prestes au besoin Achate luy tenoit,
Et les chefs du troupeau dont le front dominoit,
Portants la teste haute aux cornes arborées,
Iette à bas les premiers de ses pointes ferrées :
Puis rembusche la tourbe & le vulgaire espars
De l'agile bestail pourfuiuy de ses dards,
Qui iamais dedans l'air ne résonnent à faute,
Au sein de la forest sous l'ombre epaisse & haute ,
Et ne se lasse point de redoubler ses coups,
Iusqu'à tant que vainqueur de leur escadron roux,
Sept grands corps renuersez par terre il en estende,
Et le nombre du meurtre egal aux vaisseaux rende.
De là droit vers le port il recourbe ses pas,
Et de ce frais combat , inesperé repas,

Partage liberal à ſes ſoldats la proye,
Puis les vins dont Aceſte, antique hoſte de Troye,
Pour le dernier à-dieu, charmes de leurs ennuis,
Au bord Sicilien auoit chargé leurs muids,
Entre eux il diſtribuë, & de ces doux langages,
Medecines des cœurs, conſole leurs courages :
　O mes chers compagnons ja ſouuent exercez
(Car nous n'ignorons point les accidents paſſez)
A ſouffrir conſtamment des fortunes plus dures,
Les Dieux mettront encor fin à ces auantures :
Vous auez abbordé le forcenant orgueil
Du monſtre Scylléen, & l'abbayant écueil
Où l'air auec les flots entonné ſ'enueloppe ;
Vous auez éprouué les rochers du Cyclope :
Rappellez vos eſprits par la crainte chaſſez,
Et de vos triſtes cœurs la douleur effacez ;
Poſſible les haZards de ceſte affreuſe hiſtoire
Vn iour vous ſeront doux à remettre en memoire.
Par tant de longs deſtours & de perils diuers
Et par tant de trauaux, fables de l'Vniuers,
Nous tendons en Latie, où le deſtin tranquille
Nous promet pour jamais vn ſtable domicile :
Là des ſceptres de Troye il nous ſera permis
De voir vn jour l'empire & le luſtre remis,
Et les fils reſtablir le regne de leurs peres :
Durez, & vous gardez aux fortunes proſperes.
　Ainſi parle le Prince en ſilence eſcouté,
Et pendant ces propos à mort perſecuté
De mille ſoins ſecrets, ſon ordinaire eſcorte,
Feint l'eſpoir au viſage & le dueil au cœur porte.

Eux

Eux vacquent recréez de ce nouueau butin,
Aux appreſts de la proye & du futur feſtin ;
Les coſtes de leurs peaux, acharnez, ils dépoüillent,
Leurs bras dedans le ſang iuſqu'aux coudes ils ſoüillent,
Et découurent à nù les inteſtins cachez :
Part dépecent la chair en morceaux mal-tranchez,
Et tous tremblants encor aux broches les enferrent :
Autres les pots d'airain dans le riuage enterrent,
Et ſoufflent à l'entour les feux eſtincellants,
Puis vont auec les mets leurs forces rappellants,
Et ſur l'herbe eſtendus, faiſants tourner la taſſe,
S'empliſſent de vin vieil & de venaiſon graſſe.
   Apres que d'aliments chacun fut aſſouuy,
Et qu'on eut l'appareil des tables deſſeruy,
Ils ſe mirent à plaindre en longs flots de langage,
Leurs compagnons abſents dérobez par l'orage,
Douteux entre la crainte & l'eſpoir, ignorants,
Ou s'ils viuent encor, l'air commun reſpirants,
Ou ſi du dernier ſort la rigueur ils eſpreuuent,
Et ja plus par les voix appellez ne s'émeuuent.
Sur tous le bon Ænée or gemit le treſpas
Du genereux Oronte amoureux des combats,
Or pleure l'accident du valeureux Amyque,
Or regrette à part ſoy le cruel ſort de Lyque,
Or le vaillant Cloanthe intrepide aux hazards,
Or le braue Gyas nourriture de Mars.
Et c'eſtoit déja fait quand du ſommet du monde
Iupiter jetta l'œil ſur la mer vagabonde,
La carriere des pins de voiles empennez,
Et ſur les terroirs verts de villes couronnez,

C

Vid les ports sinueux, les obliques riuages,
Et les peuples diuers, du monde amples partages;
Puis ayant proumené ses yeux de toutes parts,
Aux regnes de Libye arresta ses regards.
Alors Venus qui sçait prendre à propos les heures,
Le voyant des mortels contempler les demeures,
L'abborde auec ces mots de longs souspirs couppez,
Triste & les yeux de pleurs, viues perles, trempez :
    Seigneur, qui par le frein de tes decrets seueres,
Des hommes & des Dieux gouuernes les affaires,
Et pour les estonner ton bras armé haussant,
De foudres & d'éclairs vas leur chef menaçant;
Que t'a fait mon Ænée, ou quel si grand outrage
Ont commis contre toy les Troyens ton lignage,
Qu'apres tant de tombeaux pour les enclorre ouuerts,
Apres tant de trespas, l'accés de l'Vniuers
Leur soit fermé par tout où le sort les rallie,
Pour le jaloux respect de la seule Italie?
Certes tu nous auois, immuable, promis,
Que du haut sang de Teucre en son lustre remis,
Apres quelques saisons d'vn bref cerne enfermées,
Naistroient les chefs Romains, Pilotes des armées,
Qui la terre & la mer, par leurs braues exploits,
Tiendroient de nœuz d'aimant esclaues sous leurs loix,
Et rempliroient le Ciel du bruit de leur louange;
Quel aduis maintenant, ô cher Pere, te change?
Par cest espoir sacré de tes propos naissant,
Destins contre destins en mon cœur balançant,
Ie consolois le dueil des obseques de Troye,
Flattant mon mal passé d'vne future joye.

Mais or le mesme sort qui contre eux conspiroit
Pendant que d'Ilion la fortune expiroit,
Les persecute encor de rigueurs inhumaines.
Quelle fin, ô grand Roy, veux tu mettre à nos peines?
Anthenor échappé d'entre les dards des Grecs,
A la faueur de l'ombre & des astres secrets,
Put bien sauf paruenir aux riues Illyriques,
Percer impuniment les regnes Liburniques,
Des Alpes les sommets sans dommage tenter,
Et de la Brente en fin la source surmonter,
Qui par neuf huis ouuerts, orgueilleuse & felonne,
Auec vn bruit tonnant qui tout le mont estonne,
Precipite en la mer son tribut boüillonnant,
Et resserre en son lit l'Ocean forcenant.
Il fonda ce-pendant les hauts murs de Padoüe,
Donna siege à sa gent que le Ciel de fruictz doüe,
Et planta tout au tour dessus ses parapets,
Les enseignes de Troye, or' il repose en paix.
Et nous, Pere, ton sang, rejettons de ta race,
A qui dans ton palais au Ciel tu promets place,
Pour l'ire d'vne seule, ô destins odieux!
Despoüillez de noz nefs & trahis par les Dieux,
Des peuples le rebut, & du monde la lie,
Nous voyons loin de nous reculer l'Italie.
Sont-ce là les honneurs qu'à ton sang tu promets?
Est-ce ainsi qu'en nos mains les sceptres tu remets?
   A ces pleurs souriant le Monarque supréme,
Auec le mesme front & le visage mesme,
Dont il calme le Ciel de tempestes troublé,
Et dissipe l'orage en la nüe assemblé;

Sa fille de baisers il appaiſe & conſole,
Et reprend à ſon tour en ces mots la parole :
    Donne tréue à la peur qui trouble tes eſprits,
Delices de Cythere, aggreable Cypris,
Le deſtin de ta gent perſeuere immobile,
Tu verras éleuer les remparts de ta ville,
Tu verras, pour les tours d'Ilion remplacer,
Du fort Lauinien les murs promis tracer;
Tu verras arriuer, & ma foy n'eſt friuole,
Ton magnanime Ænée aux eſtoiles du Pole.
Ceſtuy-là (car ie veux, puis que ce ſoin te point,
Des Parques les ſecrets t'expoſer de tout point,
Et déuidant le fil des hiſtoires futures,
Par ordre te cotter du temps les auentures)
Aux champs Italiens longuement combattra,
Et des peuples felons l'arrogance abbattra,
Impoſera des loix à leurs ames ſauuages,
Et de mœurs & de murs bridera leurs courages,
Iuſqu'à tant que trois fois, franc de trouble inteſtin,
L'Eſté l'ayt veu regnant ſur le terroir Latin,
Et que trois fois l'Hyuer ayt roulé ſur la teſte
Des peuples Rutulois courbez ſous ſa conqueſte.
Mais Aſcaigne ſon fils, Iüle ſurnommé
Depuis que d'Ilion l'orgueil fut conſommé
(Ile on le ſurnommoit du nom de ſon anceſtre,
Quand l'Empire Ilien eſtoit encor en eſtre)
Trente grands cercles d'ans de leurs Lunes remplis,
Verra plein de repos ſous ſon regne accomplis,
Transferera ſa cour des murs de Lauinie,
Et d'armes & de tours Albe rendra munie.

Là trois siecles entiers, germes de l'age d'or,
Le sceptre fleurira sous la race d'Hector,
Iusqu'à tant que l'infante Ilie infortunée,
Reine ensemble & Prestresse à Vesta destinée,
Vierge grosse de Mars, enfante deux gemeaux.
De là le preux Romule au son des chalumeaux,
Braue du manteau roux de sa Louue nourrice,
Recueillira la gent sous vn nouuel auspice,
Les murailles de Mars bastira de ses mains,
Et de son nom fameux nommera les Romains.
A ceux-là ie ne mets ny siecles ny limites,
Les terres & les mers pour eux seront petites,
Vn empire sans fin ie leur ay preparé;
Mesme l'aspre Iunon, dont le cœur vlceré
Agite maintenant le Ciel, l'onde & la terre,
Vn iour se lassera de leur faire la guerre,
Et changeant en faueur ses desseins outrageux,
Auec moy cherira les Romains courageux,
Seigneurs de l'Vniuers, Roys des deux Hemispheres,
Et la gent long-vestuë arbitre des affaires;
Telle est mon ordonnance: vne saison viendra
Que l'antique maison d'Assarace tiendra
D'vn pesant joug d'acier par force assujettie,
La gloire de Mycene & l'audace de Phthie,
Et le pied sur le chef en seruage donté,
Des Argiens vaincus pressera la fierté.
Cesar fleur des Heros, ame plus que diuine,
Naistra, Troyen de sang, d'vne belle origine,
Qui verra son empire abboutir à la mer,
Et le bruit de sa gloire aux astres se termer,

C iij

Depuis où le Soleil s'auance ou se recule:
Iules nom descendu du grand surnom d'Iüle.
Cestuy-là dans le Ciel tu l'iras receuant
Chargé de la dépoüille & des clefs du Leuant,
Et ramenant captiue en triomphe l'Aurore,
Ioint au rolle des Dieux qu'auec vœux on adore.
Lors les siecles felons acharneʒ aux combats,
Sous l'ombre de la paix mettront leurs glaiues bas,
Veste & l'antique Foy, Reme & Quirin propice
Rendront par l'Vniuers aux peuples la justice,
Les portes du fier Mars, Dieu perclus desormais,
D'estroits liens de fer se clorront pour jamais,
Et le Discord impie apres tant de vacarmes,
Assis dessus le tas de ses cruelles armes,
Se tordra dans le temple, en prison confiné,
Et de cent nœuds d'airain par derriere enchaisné,
Grinçant d'ire les dents, & roüillant l'œil farouche,
Horrible rugira d'vne sanglante bouche.

   Ainsi dit Iupiter, & tout au mesme instant
Alla du ciel Mercure en poste députant,
Afin qu'aux Phrygiens espars sur le riuage
La terre fust ouuerte & l'accés de Carthage,
Et que Didon qui regne en ce climat mutin,
Ne leur ferme la porte, ignorant le destin.
Son dos & ses talons il arme de leurs ailes,
Dans les vagues de l'air rame auec les aisselles,
Et glissant par le vent à secousses fendu,
Se void, dispos courrier, en Afrique rendu.
A l'exploit de sa charge aussi tost il s'applique,
Et déja la noblesse & le peuple Punique,

Au neuf inſtinct du Dieu dépoüillent leur rigueur;
La Reine la premiere eſloigne de ſon cœur
L'ombrage des ſoupçons, & Princeſſe exorable
Veſt enuers les Troyens vne áme fauorable.

 Mais Ænée en ſon ſein toute la nuit roulant,
Mille profonds ſoucis qui l'alloient immolant,
Soudain que le Soleil au matin ſe reueille,
Et de roſes & d'or peint l'Aurore vermeille,
Inuaincu du ſommeil ſe leue auec le jour,
Pour épier la coſte, & tenter le ſejour,
Sonder quels habitants, hommes ou beſtes fieres,
Peuplent la region de ces neuues frontieres;
Car il voit tout deſert aux enuirons du port,
Puis à ſes compagnons en faire le rapport.
Sa flotte loin des vents & des ondes il laiſſe,
Dedans le creux giron de la foreſt épaiſſe,
D'ombres tout au tour cloſe & d'arbres non tonduz,
Et tapie à l'abry des rocs en l'air penduz;
Et de ſon ſeul Achate aſſiſté pour eſcorte,
Se jette à l'auenture où le deſtin le porte,
Branlant dedans ſa main par replis meſurez,
Deux jauelots legers d'vn fer large acerez.

 Or à peine des boys perçoit-il l'horreur ſombre
Que Venus à ſes yeux apparut deſſous l'ombre,
Auec le feint habit, les armes & le front
Des pucelles de Sparte au corps agile & pront,
Ou telle qu'Harpalice heritiere de Thrace,
Quand ſes cheuaux ſuans ſous les fleaux elle laſſe,
Et deuance à la fuitte aux vallons occurrents,
L'Hebre fleuue volant empenné de torrents:

Car vn arc bien tourné, de ſon épaule tendre
A la mode de Sparte elle laiſſoit deſcendre,
En port de chaſſereſſe, & ſon poil enjoüé
Donnoit en proye aux vents, par ondes ſecoüé;
Marchoit nud le genoüil, & d'vn nœu ſur l'échine
Serroit ſes pliz flottants : telle Venus chemine,
Et la premiere ainſi l'abborde à l'impourueu;
    Caualiers, ſi par ſort, paſſants, vous auez veu
Dans ces bois émaillez d'immortelle verdure,
Quelqu'vne de mes ſœurs errante à l'auenture,
Ceinte, la trouſſe au flanc, d'vn Lynce marqueté,
Ou preſſant de longs cris le cours precipité
D'vn ſanglier eſcumeux, dittes-le moy de grace.
Ainſi parle Venus, ainſi reſpond ſa race :
    D'aucunes de tes ſœurs errante dans ces bois,
Nous n'auons apperceu ny le front ny la voix,
O Vierge, de quel nom faut-il que ie t'appelle,
Car tu ne portes point vne face mortelle,
Et ta voix qui rauit les ſens d'eſtonnement,
Ne ſonne rien d'humain, ô Deeſſe, vrayment
Ou la ſœur de Phœbus, Reine des verts ombrages,
Ou quelqu'vne du ſang des Nymphes des bocages,
Ren nos cruels malheurs par ta veuë addoucis,
Et quiconque tu ſois allege nos ſoucis,
Appren-nous ſous quel Ciel, en quel angle du monde
Le vent nous a jettez, ballieures de l'onde;
Car icy ſans conſeil, ny d'hommes, ny de Dieux,
Nous errons ignorants les peuples & les lieux,
Pouſſez de la mer ſourde & de l'aueugle orage :
Pour prix d'vn tel bien-faict digne de ton courage,

Mainte

Mainte grasse victime, en tribut immortel,
Tombera sous nos mains au pied de ton autel.
  A moy, va repliquant la Deesse insulaire,
Mortelle n'appartient l'honneur d'vn tel salaire;
C'est chose coustumiere aux pucelles de Tyr
De porter l'arc aux champs, & le carquois vestir,
Et iurant aux sangliers vne guerre sans treues,
De brodequins pourprez hautes lacer leurs greues.
Icy tu vois de Tyr l'empire transplanté,
Et le regne Punique, & l'auguste cité
Du fameux Agenor aux auentures pronte,
Le fonds est Libyen, gent que le fer ne donte.
Icy regente sied l'estrangere Didon
Fuyant auec les pins de Tyr & de Sidon,
De son frere inhumain le cruel territoire,
Longue est l'iniure, & longs les replis de l'histoire:
Mais pour ne perdre point le temps en l'espluchant,
I'iray les seuls sommets des affaires touchant.
Elle eut pour cher espoux Sichée & Prestre & Prince,
Le plus riche habitant de toute la prouince,
Que la pauurette aymoit d'vn amour esperdu;
Son pere à cest amant d'ayeux Rois descendu,
En sa premiere fleur Vierge l'auoit donnée
Dessous les chastes feux d'vn vnique Hymenée.
Or les sceptres de Tyr que le sang concedoit,
Pygmalion son frere alors les possedoit,
Tyran le plus barbare, à qui iamais la rage
Ayt aux actes felons irrité le courage.
Ce Tygre forcenant d'vn courroux déreglé,
Et de l'amour de l'or sans respect aueuglé,

Auec son fer impie expert à tels offices,
Surpris, assaut Sichée entre les sacrifices,
Et deuant les Autels de leur franchise seur,
L'occit incurieux des amours de sa sœur;
Cele long temps par art ce parricide infame,
Et l'amante angoisseuse & malade en son ame,
Mille fables, ruzé, feignant & controuuant,
Va d'vn espoir mocqueur trompant & deceuant.
Mais en fin vne nuit l'Idole au iour cachée,
Esprit veuf de tombeau, de son espoux Sichée,
Vient s'offrir à ses yeux, & leur somme interront,
Miracle plein d'horreur, leuant son palle front,
Qui les cruels autels, sauuegardes mal-seures
Luy monstre auec les mains, sanglants de ses blesseures,
Découure à nù son sein d'vn froid linge pressé,
Par le fer en cent lieux deuant les Dieux percé,
Et tout le crime aueugle, & l'occulte impudence
De la maison impie expose en euidence:
Puis l'exhorte à la fuitte & luy va reuelant,
Ayde de son chemin, le besoin égalant,
Ses antiques tresors reclus dessous la terre,
Lourd poids d'or & d'argĕt que l'ombre incognu serre.
De là Didon esmeuë à qui le temps duroit,
Et fuitte & compagnons, hastiue preparoit.
Ceux, d'vn commun complot, se liguent auec elle,
Complices du depart, qu'vne haine cruelle
A du joug du Tyran impatients rendus,
Ou que la peur poursuit de desespoir perdus:
Ils saisissent les nefs prestes pour les voittures,
Chargent le blond métal sur leurs eschines dures,

Et de Pygmalion monstre d'or affamé,
Embarquent les tresors dessus le flot armé.
Vne femme imbecille est chef de l'entreprise;
Ils arriuent en fin, seurs de leur riche prise,
Aux bords où maintenant sur la face de l'eau
Tu verras esleuer vn Empire nouueau,
Qui déja de la mer se promet le partage,
Et naistre les remparts de la haute Carthage,
Traittent auec le peuple & pour bastir leur fort,
De là surnommé Byrse, orgueilleux frein du port,
Achettent du riuage où leur fer se vint teindre,
Autant que d'vn taureau le cuir en pourroit ceindre.
Mais vous qui m'enquerez, quelles gents estes-vous?
De quel climat du monde abbordez-vous à nous?
Et deuers quelle part prenez-vous vostre addresse?
Ænée à qui la voix se serre de détresse,
Jettant vn long souspir tiré d'vn sein profond,
Aux mots de sa demande en ces termes respond.

S'il me faut, ô Deësse, à leur premiere source,
De nos labeurs reprendre & poursuiure la course,
Et que d'assez de temps il te plaise joüir
Pour daigner de nos maux les annales oüir;
Auant que mon discours de ceste histoire sorte,
Vesper en se leuant clorra du iour la porte.
De l'ancienne Troye au riuage escumeux,
Si le haut nom de Troye & de ses murs fameux,
Ores reduits en cendre, inconstantes merueilles,
Est par sort paruenu iusques à vos oreilles,
Les vents, de mer en mer longuement agitez,
Aux costes de Lybie en fin nous ont iettez.

Ie ſuis le pie Ænée expert aux durs alarmes,
Qui mes Dieux arrachez de la flame & des armes,
Fendant d'vn camp de mer l'ire du flot chenu,
Porte, deuot guerrier, ſur les aſtres cognu :
Ie cerche pour païs la region Latine,
Et du haut Iupiter tire mon origine :
Auec deux fois dix pins, du feu des Argiens,
Recoux, ie m'embarquay ſur les ports Phrygiens,
Ayant pour chere guide vne mere Deëſſe,
Et ſuiuant des deſtins l'infidelle promeſſe.
A peine maintenant du briz me ſont reſtez,
Sept vaiſſeaux par les vents & par l'onde éclattez ;
Et moy-meſme incognu, mendiant & ſans guide
I'erre par les deſerts de la Libye aride,
Exclus des fins d'Aſie & d'Europe chaſſé.
Ainſi parloit Ænée, & de douleur preſſé
Vouloit encor plus loin eſtendre ſa complainte :
Mais Venus en ces mots rompt ſa voix & ſa crainte :
    Au Ciel, qui que tu ſois, tu n'és point odieux,
Et n'aſpires point l'air contre le gré des Dieux,
D'auoir entre les ports de l'onde Libyenne,
Accoſté par deſtin la cité Tyrienne :
Perſeuere ſans plus, & tout ſoin mettant bas,
Au Palais de la Reyne achemine tes pas,
Car ma foy pour garant deſormais ie t'engage,
Que tes autres vaiſſeaux diſperſez par l'orage,
Ont gaigné le couuert clos aux vents courroucez,
Du retour addoucy des Aquilons pouſſez,
Si mes parents experts au ſecret des auſpices,
Ne m'ont en vain appris les augures propices.

Voy douze Cygnes blancs au pennage negeux,
A l'enuy s'égayer, qu'vn Aigle courageux,
Fier pirate de l'air, aux serres acerées,
Fondant du haut sommet des voutes etherées,
Oyseau de Iupiter, naguere à plom battoit,
Et de leur rang troublez, par le Ciel escartoit,
Ores glissants en bas d'vn long ordre ils se dardent,
Et ja tiennent la terre, ou de pres la regardent;
Comme auec vn doux bruit leurs ailes secoüants
Ils se vont, échappez, de l'alarme jouants,
D'vne ceinture blanche en rond l'air enuironnent,
Et diuers chants de ioye à leur retour entonnent.
Non autrement ta flotte, apres l'irè des eaux,
Recousse du peril qui troubloit ses vaisseaux,
Ou ja repose à l'ancre, ayant plié ses toiles,
Ou dans les huiz du port entre à bouffantes voiles:
Perseuere sans plus, & tout soin mettant bas,
Acheue de presser ce sentier de tes pas.
  Ainsi dit, & soudain qu'elle eut les léures closes
Son col en se tournant brilla d'vn teint de roses,
Son beau poil d'Ambrosie à pleins poings parfumé
De diuines odeurs rendit l'air embasmé,
Sa robe à pliz troussez vers les mammelles ceinte,
Tomba sur ses talons d'or & de pourpre peinte,
Et Deësse au marcher vrayment elle apparut.
D'Anée en ce moment le sang au front courut
Il recognoist sa mere à ses marques certaines
Et fuyante la suit de ces complaintes vaines;
Pourquoy, cruelle aussi, mes espoirs abusant,
De simulacres faux te vas-tu déguisant?

Pourquoy ne veux tu, mere, à moy ton fils permettre
De pouuoir en partant ma main en ta main mettre;
Oüir & releuer de ta voix les vrays sons,
Et de ton port diuin contempler les façons?
Ainsi sa plainte vaine apres elle il enuoye,
Et droit vers la cité, pensif, poursuit sa voye.

   Mais Venus dont le soin d'auec eux ne partit,
D'vn secret voile d'air en chemin les vestit,
Et pour rendre aux passants leur alleure incognuë,
Obscurs, les enferma de l'estuy d'vne nuë,
Afin que nul ne peust, tissus d'os & de chair,
Sous l'ombrage féé les voir ny les toucher,
Ny retarder leurs paz d'vn importun langage,
Suspects, les enquerant des fins de leur voyage.
Elle d'vn vol sublime en Paphos remonta,
Et ses sieges fameux alaigre visita,
Où de Porphyre & d'or son haut temple estincelle,
Où d'encens Sabéen, vœu de mainte pucelle,
Cent autels tous les iours à son nom vont fumants,
Et d'odorants bouquets l'air sacré parfumants.

   Ces Heros ce pendant couuerts de l'ombre vuide
Acheuent de se rendre où le sentier les guide,
Et ja d'vn pied leger en extase arresté,
Ils pressoient le coustau qui pend sur la cité,
Et fier d'vn haut sourcy, voit de front la machine
De l'orgueilleux donjon, effroy de la marine.
Ænée esmerueillé va la masse admirant,
Toict iadis de pescheurs, or au Ciel aspirant,
Admire les portaux, larges sauts des charruës,
Le bruit du peuple épais, & l'espace des ruës.